VOYAGE

A LA

GRANDE-CHARTREUSE.

UN VOYAGE

A LA

GRANDE-CHARTREUSE,

description pittoresque

Dédiée a S. Em. Mgr. DE BONALD, Cardinal-Archevêque,

Par M. VIVÈS (Joseph-Benjamin),

homme de lettres,

COMMISSAIRE DE POLICE A LYON.

— Nomen sibi fecit eundo.
— Feliciter sapit, qui alieno periculo sapit....

LA GUILLOTIÈRE,

IMPRIMERIE DE J.-M. BAJAT,

Cours d'Austerlitz, 8.

—

1849.

[illegible]

[illegible]

[illegible] KEMASI

[illegible]

[illegible]

[illegible]

[illegible]

[illegible]

[illegible]

[illegible]
[illegible]
[illegible]

VOYAGE

A LA

GRANDE-CHARTREUSE. [1]

Plus videas tuis oculis quam alienis.

C'était en 1846, dans les premiers jours du mois d'août, et par une température douce et bienfaisante que, séduit par tout ce qu'on m'avait raconté des bons Pères chartreux, je quittai Grenoble à quatre heures du matin, bien résolu à prendre gîte, le même soir, dans le couvent des pieux cénobites.

La route que l'on ne fait pas à moins de quatre lieues, me parut très courte à cause de la variété du site, de la beauté pittoresque et grandiose des montagnes dont la cime fatigue la vue en se perdant à l'horizon.

D'un côté, ce sont de bruyantes et hardies cascades, dont le bruit monotone et régulier paraît étrange au voyageur ; de l'autre, ce sont des rochers incommensurables, qui semblent se détacher de la crête des montagnes, et le menacer dans son entreprise périlleuse ; dépourvus de cette végétation fabuleuse que l'on voit dans les collines et dans les plaines, ces rocs dénudés et noircis par tant de tempêtes, inspirent à l'étranger de profondes et sévères méditations sur ces athlètes de la foi que le doigt de Dieu conduisit dans le désert où St-Bruno jeta le premier et impérissable fondement de la Grande-Chartreuse.

Deux routes principales conduisent de Grenoble au Monastère : celle du Sappey, et celle de St-Laurent-du-Pont, par Voreppe. — Le voyageur qui vient de Lyon, prend toujours cette dernière, comme offrant moins d'obstacles d'abord, et déroulant ensuite à ses yeux la plus riche, comme la plus féconde vallée !

Si, pour la première fois, il visite les montagnes des Alpes, il sera tout étonné de trouver, après le défilé d'une demi-lieue de largeur, deux rochers escarpés, dont l'un, celui du couchant, porte le nom de la *Dent de Moirans*, parce qu'il s'élève majestueusement au-dessus de la plaine où se trouve le bourg de ce nom. — L'autre, dont la crête aiguë et formidable, semble toujours menaçante, domine Voreppe, et

______

(1) Le désert de la Grande-Chartreuse est situé dans les montagnes du Dauphiné (Isère.)

La dédicace de l'œuvre de M. Vivès, qui est aujourd'hui commissaire de police à Lyon, a été acceptée par Mgr de Bonald, cardinal-archevêque du diocèse.

se nomme le *Pic du Chalais*. L'archéologue qui contemple avec avidité ces merveilles de la nature, remarque sur ce rocher un Belvédère qui fut autrefois une dépen-
dance du couvent de Châlais, occupé par les chartreux, et aujourd'hui par les do-
minicains , dont le célèbre prédicateur le R. P. Lacordaire , a rétabli l'ordre religieux.

La vallée de Voreppe n'est qu'un dôme continuel de verdure et de tableaux de la
plus fertile végétation ; le sol , quoique noirâtre, est couvert de peupliers, de noyers
vigoureux, et de ceps de vignes qui s'enlacent à tous les arbres en formant de ver-
tes et régulières arcades, sous lesquelles croissent les plus riches moissons !... Le
chanvre, surtout, y est d'une telle venue, que sa hauteur moyenne est de sept à huit
pieds. — L'Isère, dont les eaux abondantes et torrentielles ne sont utilisées par aucune usine , serpente le long des rochers de Voreppe , et à l'autre extrémité de
la vallée, elle dessine par ses gracieuses sinuosités, les larges bases des montagnes de
Veurey et Sassenages.

Placé sur le pont de Voreppe que la main hardie de l'homme a jeté sur un torrent
impétueux et rocailleux, l'amateur des beautés de la nature, n'a rien de plus à ajouter pour compléter le charme de son imagination !

Ça et là, en suivant les berges du torrent écumeux, on voit de modestes habita-
tions bien peu nombreuses, mais groupées cependant autour du clocher champêtre,
dont la pointe s'harmonise avec celles de ce modeste village.

Le voyageur qui avance vers le Monastère et qui quitte la vallée de Voreppe, voit
fuir dans le lointain, le paysage délicieux qui avait reposé sa vue; mais il en est bien
dédommagé au détour de la route, par l'apparition soudaine d'une plus riche vallée,
celle de *Tullins* que M. de Châteaubriand, dans une description qui n'appartient
qu'à son génie, place bien au-dessus des plus beaux sites des Pyrénées !...

Cependant, à mesure que se fait l'ascension vers la montage, la végétation s'af-
faiblit , et devient de plus en plus stérile, avant même d'arriver à celle des sapins
séculaires qui se trouvent partout, et qui couronnent ces lieux abruptes et déserts.

Je traversai pourtant encore le gracieux vallon des Pommiers qui pullule de riants
vergers, chargés de fruits , et là , me reposant de mes fatigues , j'en savourai des
plus délicieux. Des hameaux y sont disséminés ; et quelques pauvres chaumières
s'étendent de Châlais jusqu'aux portes de l'immense désert de la Chartreuse.

Je montai jusqu'au col de la Placette qui s'élève au moins d'une lieue au-dessus du
village de Voreppe, que je venais de quitter, et je descendis jusqu'au même niveau
pour arriver à *Saint-Joseph*, séjour agreste , mais embelli par les accidents les
plus pittoresques du sol.

Peu de temps après, j'étais au village de Saint-Laurent-du-Pont , le dernier qui
conduit à la Grande-Chartreuse.

Là, tout près d'un monticule pyramidal ombragé par des sapins et des hêtres , se voit l'église à environ trente mètres du chemin ; et c'est sous les murailles d'une faible terrasse que protège le cimetière et la plate-forme, que roule le petit torrent dévastateur du désert.... Dans ses crues fréquentes et irrégulières, il oppose souvent une barrière infranchissable aux habitants de Saint-Laurent.

C'est dans ce village, d'une médiocre apparence, que tous les voyageurs s'arrêtent, ne pouvant continuer la route en voiture ; là, on prend des guides et des mulets pour arriver à la Grande-Chartreuse qui n'est plus éloignée que de huit kilomètres.

Le paysagiste aime ordinairement, avant de quitter Saint-Laurent-du-Pont, à dessiner ses maisons à galeries de bois, percées de lucarnes, et à pointes rapides, à angles aigus, et dont la plupart des toits sont couverts de planchettes, à défaut d'ardoises, qu'on nomme dans le pays *essandoles*. Cette forme bizarre rappelle les villages de l'*Oberland* et du canton de *Lucerne*.

C'est en sortant de ce village, et après y avoir fait un confortable déjeuner, assaisonné par le plus grand appétit, que je vis devant moi, l'ouverture des hautes montagnes indiquant la direction du désert qui ne peut avoir là d'autre issue.

Ici commence le véritable pèlerinage du célèbre Monastère : un chemin étroit ou petite venelle est cotoyé par le *Guiers-mort*, torrent souvent impétueux qui prend sa source au pied du désert, et qui est, en plusieurs endroits, parsemé d'énormes rocs qui sont autant de brisants sur lesquels rejaillit son écume.... A droite et à gauche, s'élèvent de riants coteaux à pente presque insensible et totalement boisés. Arrivé à l'extrémité de ce vestibule, on est comme effrayé de voir se dresser fièrement deux immenses rochers qui semblent sortir du lit même du torrent, et dominer comme des géants immobiles tout le vallon, qui se trouve, en ce lieu, considérablement rétréci. C'est le premier pas que le voyageur étonné fait dans ce désert où la solitude inspire la plus profonde méditation.

Le point que je décris se nomme *Fourvoirie* ; il est entouré d'une scierie, d'une ferme et de quelques usines bâties au pied des rochers contre lesquels la vague écumeuse vient expirer. Ces établissements donnent un peu de vie et d'animation à la sombre majesté des montagnes ; et ils sont construits avec une solidité remarquable que l'on retrouve difficilement aujourd'hui. Ces établissements et toutes leurs dépendances appartenaient autrefois au couvent.

Il est beau de voir des hêtres séculaires balancer leurs rameaux verdoyants sur ces usines et sur ces eaux rapides qui semblent vouloir, dans leur impétuosité, briser les obstacles qui s'opposent à leur passage et qu'une main ingénieuse a disposées pour servir de force motrice à l'industrie de ces lieux.

Ensuite, je vis, avec une surprise mêlée d'admiration, ces portes gigantesques du désert que la main du grand architecte de la nature ouvrit dans les flancs de la montagne ; et toutes ces merveilles, si bien faites pour inspirer la lyre du poète, le génie reproductif du peintre, me laissent le regret de ne pouvoir les exprimer aujourd'hui comme je les sentais alors.

Je remarquai les débris d'un pavillon adossé au rocher, sur le torrent, ce qui fait supposer que, dans les temps primitifs, des portes unies à la voûte fermaient l'entrée du désert, comme les ponts-levis de nos villes fortifiées les ferment en s'abaissant; et cela s'explique aussitôt par la guerre des *Camisards*, qui, mal éteinte au XVIIIe siècle dans le Dauphiné, menaçait d'envahir les Alpes comme les Cévennes.

Au-dessus de la voûte taillée dans le roc, et sur une partie du fronton, on voit la sculpture d'un globe portant une croix, ce qui rappelle les armes des Chartreux, au bas desquelles était la devise : *Stat crux dùm volvitur orbis.*

Quand j'eus franchi le seuil redoutable du chemin qui conduit, par de nombreuses sinuosités, au Monastère, je m'assis calme et pensif sur un bloc informe de pierre que les avalanches fréquentes des montagnes font rouler dans ces forêts. Là, je me dis: Bientôt je verrai le séjour qui sépare les passions bruyantes de la vie d'avec la paix si douce de la conscience ; les nombreux chagrins de l'humanité s'oublient en songeant aux beautés éternelles, ineffables de la religion!...

Heureux celui qu'une vocation bien affermie conduit en ces lieux!... La vie érémitique de la Chartreuse jette un voile épais, impénétrable sur les plaisirs futiles et sur les biens fragiles de cette terre d'exil. Celui que l'indifférence ou la curiosité amènent dans cette solitude, peut-il se défendre de l'émotion que j'éprouvais moi-même? Non, à moins que son ame, entièrement blasée, ne soit fermée aux sentiments intimes de la nature.

En présence de tous ces étonnants prodiges, il en est un qui n'échappe jamais aux remarques du voyageur : c'est la route, elle-même, creusée en grande partie dans le roc et presque suspendue sur les abîmes par des arcades d'une imposante élévation.

Je marchai quelque temps sous ces voûtes hardies que la nature soutient au-dessus de la tête du voyageur, comme le fil mobile soutenait, jadis, la dague de *Damoclès.* — La création de cette voie rocailleuse et partout accidentée, appartient à dom *Pierre Leroux*, le trente-troisième supérieur général des Chartreux, qui s'en occupa très activement à la naissance du XVIe siècle, et elle ne fut terminée qu'en 1770.

Quoique le chemin décrive à vue d'œil les courbes et les sinuosités des montagnes, il ne cesse de suivre le *Guiers-Mort* au-dessus duquel il se déroule, et d'où l'on entend, tantôt le choc irrégulier d'une cascade, tantôt le bruit lent et paisible de l'eau qui glisse sur les graviers.

Avant la formation de la Grande-Chartreuse, on comprend facilement combien étaient grandes les difficultés que le sol opposait au passage de l'homme, et surtout à l'établissement du vaste monastère qui s'y trouve aujourd'hui.

Ce n'est pas par là que le vénérable St-Bruno et ses Disciples pénétrèrent dans la solitude et vinrent la peupler, comme plus tard, à leurs exemples, sont venus leurs nombreux imitateurs.

En gravissant toujours les montagnes qui se succèdent en s'élevant, je ne quittai pas de vue le torrent dont j'entendais sans cesse les monotones chutes ; mais à mesure que mon ascension avançait, l'espace entre les montagnes semblait s'élargir, et ce n'était plus pour moi des efforts pénibles sur l'aridité des rochers, je voyais, au contraire, la taciturne verdure des sapins élancés, former un délicieux effet avec la mobilité du feuillage plus tendre des bouleaux et des tilleuls ; sous mes pieds, je foulais une mousse épaisse et fraîche qui tapisse jusqu'aux pierres du sol ; et en contemplant de plus près ces sapins altiers, pressés les uns contre des autres, je me disais que toute la vigueur de leur sève s'était élancée vers la cime, alors que le tronc paraissait dépouillé de son branchage. Ces arbres non moins orgueilleux que le cèdre du Liban, ressemblent dans la profondeur des forêts à de hautes colonnes jusqu'au point où les rameaux verts s'unissent pour former un dôme épais, et si le dieu du jour laisse converger ses rayons sur cette masse sombre, il en résulte des effets prismatiques qui font un mélange ravissant et d'ombres et de clarté.

Les sapins de la Suisse et de l'Italie, quoique beaux et renommés, sont incontestablement inférieurs à ceux des montagnes de la Chartreuse, où la végétation abondante pourrait être comparée aux forêts vierges de l'Amérique du sud ; car le hêtre, surtout, s'y élève à des proportions inconnues sur tout autre sol. Il est fâcheux, toutefois, dans l'intérêt de cette nature exceptionnelle, que la cognée ne cesse journellement d'abattre les plus beaux arbres dont le commerce de la marine fait un si grand emploi… Il n'est pas jusqu'aux fleurs de ces climats qui disputent à tant d'autres la beauté et l'éclat du coloris, dont le botaniste se soit étonné ; et leur grand nombre déjà décrit par une plume savante, (M. A. Belleydier), les distingue autant par la richesse que par la profusion et la variété. Entre autres fleurs, je puis citer la brillante renoncule à tête d'or ; le mobile tussilage ; la digitale à grande corole ; des orchis de toutes les espèces ; des trolles jaunes semblables à ceux de la renoncule des jardins ; et quant aux arbrisseaux, le délicieux cytise à grappe dorées ; le flexible sureau à disques ombellifères ; le rosier à fleurs vermillonées ; l'amelanchier agitant sur les précipices les feuilles que le vent disperse, et qu'un poète romantique a si ingénieusement appelées *les neiges odorantes du printemps !*…

C'est en contemplant ces diverses et fertiles productions de la végétation alpestre, que je poursuivais lentement ma route sur le chemin, tantôt dangereux et difficile, tantôt large et commode, et soutenu à de courts intervalles par des murs de terrassement qui ne cessent de longer la montagne en remontant le torrent du *Guiers-Mort.* Ce chemin coupe quelquefois des clairières, d'où j'aperçois les sommets des plus hautes montagnes, dominant les deux rives, où les escarpements sont multipliés. — A leur pied s'élèvent des sapins, dont la cime ne peut qu'atteindre la base de ceux qui leur succèdent, sur une assise de nouveaux rochers; et c'est là le plus beau tableau de la gravitation végétale.

Peu d'instants après, je fus appelé à la jouissance d'une autre merveille de la nature : deux rochers formidables s'élevant à une grande hauteur, supportent le pont d'une seule arche jetée sur le torrent et connu, dans le pays, sous le nom de *Pont-Parant.* Avant d'y arriver, le voyageur est encore plus surpris de rencontrer un énorme rocher détaché des montagnes et au travers du torrent comme un pont destiné à en faciliter l'accès et le passage. Enfin, au milieu de ces grandes images qui attestent la révolution de tant de siècles, mes pensées indécises errèrent dans le vague de la solitude et de la contemplation !...

Je fis encore une pause en cet endroit, et mon album s'augmenta de quelques notes. Là où le Pont-Parent est placé, aboutit une gorge étroite qui s'ouvre graduellement à la droite du touriste, et après avoir franchi ce pont remarquable autant par son élévation, que par respect pour l'époque où il fut construit, on voit que le chemin est transporté sur la rive opposée, et qu'il commence là, seulement, à être rude, raboteux et presque à pic.

On ne s'élève que bien péniblement sur le Rocher-Mur qui se trouve à une hauteur effrayante.

Mais nouvelle surprise pour l'étranger ! Pendant que le torrent du *Guiers-Mort* devient de plus en plus profond sous ses yeux, un accident des plus pittoresques l'arrête sur son chemin. C'est l'apparition d'un roc noirci et pyramidal qui semble lui barrer le passage et qui, vu au loin dans la gorge, paraît s'élancer dans les airs ; il est connu sous le nom de l'*Aiguille*, qu'il justifie par sa forme prismatique, svelte et aérienne. Enfin, on voit sur le haut du minaret si longtemps inaccessible, des sapins et des hêtres verts, mais rares et espacés.

Autrefois, avant que la main de l'homme eut conquis du terrain sur l'abîme, il y avait là un défilé bien plus difficile à franchir que celui de Fourvoirie dont nous avons déjà parlé, mais des travaux opiniâtres et presque fabuleux ont vaincu toutes les difficultés qui s'opposaient au passage.

Le chemin, ouvert sur des voûtes élevées et inébranlables, aboutit aux ruines de la seconde partie du désert, bâtie entre le pic de l'*OEillete* ou *Aiguille*, et le rocher escarpé de la gauche. Il y avait en cet endroit, en 1720, suivant la chronique des anciens temps, un bâtiment fortifié pour repousser les incursions du fameux brigand connu sous le nom de *Mandrin*, qui avait plusieurs fois menacé de piller le monastère de *Bruno*, avec sa redoutable bande de malfaiteurs. Mais il eût été facile de paralyser d'une manière complète l'invasion de cette horde qui infestait le pays, en établissant là un pont lévis, ouvert sur le précipice qui n'a pas moins de cinq cents pieds de profondeur...

A une petite distance du fort de l'Aiguille, et après avoir suivi pendant dix minutes une pente douce et presque insensible, on retrouve une côte rampante et raboteuse qu'il faut gravir avec beaucoup de peine; mais c'est là que finit le mauvais chemin, et un quart d'heure suffit pour atteindre le premier signe religieux du couvent, une croix verte s'élevant sur une riante plateforme!... Sur ce sommet, je me trouvais si élevé au-dessus du *Guiers-Mort*, que le murmure de ses eaux torrentielles n'arrivait plus à mon oreille.— La gorge, ici totalement élargie, laisse apercevoir, au-delà d'un ravin masqué par un bouquet d'arbres touffus, la Correrie qui appartient au monastère, et que je me propose de décrire plus tard pour donner une idée complète de l'ensemble de ces austères lieux.

Enfin, un peu plus loin, et dans l'espoir d'arriver bientôt à mon but, je vis sur la droite deux magnifiques chaînes de rochers, non moins pittoresques que grandioses, se rapprochant sans se joindre et laissant à leur extrémité une étroite issue qui forme la troisième et dernière porte du désert, connue sous le nom de *Sappey*. Celle-ci n'a rien de remarquable par sa structure naturelle, et ne peut fournir à l'archéologie aucun document historique qui intéresse la science ou éclaire la nuit des temps. Mais ce qui fixe particulièrement l'attention du voyageur au troisième plan, c'est la succession non interrompue des montagnes à cimes dentelées qui séparent le délicieux vallon de St-Pierre-de-la-Chartreuse, de l'imposante vallée du *Graisivaudan*.

Là, assis au pied de la croix verte, je me reposai sur un banc de mousse de toutes mes fatigues, respirant l'air pur et embaumé des montagnes et recueillant les douces impressions que j'avais éprouvées depuis mon entrée dans le désert.

Quand on fait, et c'est assez l'ordinaire, le voyage de la Grande-Chartreuse vers la mi-mai ou au commencement de juin, on est agréablement surpris de trouver partout une active industrie, un certain mouvement dans le sein de ces forêts, si calmes et si sombres pendant neuf mois de l'année !... C'est entre Fourvoirie et le monastère que s'opère l'exploitation des sapins. Il est curieux de voir plusieurs couples de bœufs sous le joug, au tournant d'une route étroite et difficile, traînant d'énormes pièces de bois qui souvent sont plus longues que le chemin, qu'elles dépassent en se jetant sur le bord opposé. Ailleurs, vous apercevez çà et là, marchant sans ordre et suivant leur instinct, plusieurs files de mulets chargés du charbon qui se fait dans les forêts, ou des planches que les scieurs de haute futaie y préparent.

Les mulets n'ayant souvent aucun conducteur pour les guider, le voyageur prudent, qui se trouve à cheval, doit se ranger d'avance du côté opposé au précipice, et tenir le recoin d'un rocher, car, sans cela, il court le risque d'être précipité au fond du torrent. Si, au contraire, il entend au-dessus de lui les coups redoublés de la hâche du vandalisme, qu'il se tienne encore sur ses gardes; car, au moment où il y songe le moins, il voit rouler avec fracas et de roche en roche, ces vieux patriarches des forêts qui se brisent dans leur chute rapide, et jonchent souvent de leurs débris le chemin sur lequel vous marchez.

D'un autre côté, si vous faites votre ascension à la Grande-Chartreuse vers la St-Jean, ne vous attardez pas; car votre route pourrait être interceptée par des troupeaux d'innombrables moutons que les bergers de la Provence amènent de la *Camargue* dans les Alpes, pour brouter le thym, le serpolet et tant d'herbes succulentes propres à leur nourriture; par ces mulets, ces ânes et ces énormes chiens qui singent les grandes caravanes de l'Orient, allant de désert en désert, en traversant nos bourgades et les plaines si populeuses du Dauphiné.

Il n'est pas rare de rencontrer aussi dans le désert de la Chartreuse plusieurs chasseurs qui vont relancer le chamois et l'izard sur les pics aigus des montagnes, et souvent même l'ours dans sa tanière obscure et cachée.

Souvent encore vous vous croisez en ces lieux avec d'élégants promeneurs qui, pour varier les plaisirs que donne la saison des eaux à Aix, Uriage ou Lamothe, viennent chercher là de nouvelles et plus vives sensations !... Vous pourrez voir aussi de savants botanistes portant avec bonheur la boîte de fer-blanc qui contient leur herbier, riche collection des plantes alpines qui se trouvent sur les faîtes d'*Aliénard*, de *Chamechande* et surtout le *Grand-Som*, que l'on voit du pied du couvent, et sur la cime inaccessible duquel brille le signe de la religion qui semble dominer le monde, et être descendu du ciel !... Enfin, en suivant la berge du torrent, vous voyez encore le dessinateur, avide des beautés de la nature, s'abriter sous le parapluie-canne, et dérober à ces grands tableaux, leurs effets magiques, gracieux et variés !...

Mais poursuivant ma route et n'ayant plus qu'une demi-heure de chemin à faire pour arriver au pied du monastère, je fis un léger détour dans les bois qui sont de plus en plus épais et tapissés d'une éternelle verdure. Là, le chant mélodieux de Philomèle n'est troublé que par l'haleine des zéphirs et les cantiques pieux qui retentissent du couvent; harmonie suave, ineffable, comme celle des harpes éoliennes qui donnèrent naissance à la musique primitive.

Enfin, à mes regards étonnés et ravis, se présentent, au pied de trois sommités du désert, les bâtiments de la Grande-Chartreuse qui ressemblent à une petite bourgade; mais ce n'est que par l'extérieur; car, au dedans, les nombreuses cellules, les cloîtres muets du monastère, ne décèlent pas la demeure ordinaire des hommes; aucun bruit, aucune rumeur, n'indiquent à l'étranger l'approche d'une enceinte habitée.

En suivant l'un des chemins qui forment le contour du mur de clôture, j'arrivai à la principale porte d'entrée du couvent, et son architecture simple et religieuse, me parut s'harmoniser parfaitement avec l'austérité du paysage qui m'entourait.

Là, après avoir, d'une main timide, agité la chaîne de la cloche du couvent, je

fus introduit par un vénérable Père chartreux qui m'apprit bientôt que dans ce séjour monastique, voué au silence et à la religion, on savait acquitter les dettes sa-
crées de l'hospitalité et accueillir les voyageurs avec tous les égards d'une franche et
attentive cordialité qui fait si vite oublier les fatigues du périlleux voyage.

LE MONASTÈRE.

Sua præmia sunt etiam laudi.
(PHÆDRE.)

I.

Tout le monde sait que saint Hugues, évêque de Grenoble, secondant les pieux
desseins de Bruno, avait fait bâtir pour lui et pour ses disciples, un modeste couvent près du lieu où l'on voit encore la chapelle connue sous le nom de *Casalibus.*

Mais à une époque de désastreuse mémoire, le 30 janvier 1133, une avalanche
des plus terribles détruisit de fond en comble le cloître et les cellules que gouver-
nait le vénérable *Guignes*, cinquième prieur de l'ordre. L'histoire nous fait connaître que six religieux et un novice furent ensevelis sous les ruines du monument,
et que par un miracle providentiel, l'un d'eux, seulement, après douze jours de tor-
tures et de privations, fut retiré vivant de ces sombres catacombes, sans blessures,
et jouissant de la plénitude de sa raison ; mais il était tellement accablé, qu'après
avoir reçu les consolations de la religion, il ferma tranquillement les yeux à la lumière, et s'endormit dans la paix du Seigneur.

Peu de temps après cette catastrophe, qui était probablement une épreuve du
ciel, le vénérable Guignes, rassembla autour de lui le petit nombre de frères échap-
pés au désastre commun, et y joignant plusieurs cénobites du diocèse de Belley, à
la direction desquels il avait été proposé, jeta les fondements de cet impérissable monastère que l'on admire aujourd'hui sous le nom de Grande-Chartreuse.

Nouveau Moïse, il fit jaillir une source abondante dans ce désert, en amenant par
un aqueduc souterrain les eaux de la fontaine St-Bruno jusqu'aux portes du monastère, qui, pour la seconde fois, fut construit en bois et en peu de temps. Quant
à l'église qui sert encore de chapelle au chapitre des religieux, elle fut construite
en pierre, avec une grande solidité. Plus tard, le pieux *Anthelme*, septième supérieur général des Chartreux, évêque de Belley, au xiie siècle, commença la régéné-
ration du couvent dans des proportions dignes de sa grandeur, et il dut aux libéralités de la duchesse de Bourgogne *(Marguerite)*, de voir son œuvre religieuse ache-
vée dans le style gothique.

Malheureusement et par des causes inexplicables, le Monastère qui avait pris des accroissements successifs, fut détruit pendant huit fois par de violents incendies qui éclatèrent en 1520, 1571, 1474, 1510 et 1562.

Quant à ce dernier sinistre, il fut attribué aux fureurs du capitaine des calvinistes *(le baron des Adrets)*, qui portait en tous lieux et pour la prospérité de sa secte, la dévastation et le meurtre.

Le couvent réédifié, fut encore la proie des flammes en 1592 et 1676. Alors, nouveau phénix, il rénait de ses cendres, et le cinquantième général de l'ordre des Chartreux, *Dom le-Maçon*, aidé d'un frère architecte, conçut ce vaste plan que le génie de la foi peut seul inspirer, et le monastère s'éleva dans ces proportions grandioses et sévères où on le retrouve aujourd'hui.

Mais la révolution de 89 n'avait pas encore troublé ces établissements religieux, voués au culte et au silence érémitique ; elle semblait avoir respecté ou plutôt oublié ces demeures saintes toujours fermées aux troubles, aux agitations du monde, quand un arrêt de proscription, s'étendant à toutes les corporations religieuses, vient atteindre dans leur paisible retraite les chartreux de la première maison de l'ordre, et jeter dans leur esprit, jusque là si calme et si résigné, une perturbation difficile à décrire.

Soumis sans résistance, quoique sous l'empire d'une indicible douleur, les vénérables frères obéirent à la rigueur irrévocable de cet arrêt, décrété par le gouvernement, et ils quittèrent ces cellules où, tant de fois, face à face avec Dieu, ils avaient été consolés !

Plusieurs s'expatrièrent, mais ceux qui n'eurent pas ce triste courage, furent, sans le savoir, affronter de plus grands dangers, et trouver une mort certaine pour l'expiation de leur sacrifice. Dispersés dans l'intérieur de la France, ils remplissaient secrètement les fonctions du saint ministère, contrairement aux lois en vigueur sur les prêtres *insermentés* ; ceux qui furent découverts, obtinrent les honneurs de la déportation, et d'autres ceux de l'échafaud.

Plus heureux, jusque là que leurs confrères, ceux qui avaient quitté la France pour passer dans d'autres maisons religieuses, en furent bientôt chassés par les institutions révolutionnaires dont le vaste réseau enveloppait l'Europe entière.

Tous les établissements monastiques furent détruits, excepté celui de la *Part-Dieu*, en Suisse, qui, semblable à la nouvelle arche, bénie par le Tout-Puissant, surnagea au-dessus des flots, et échappa à tous les désastres de cette époque de destruction.

Un révérend père, *Nicolas-Geoffroy*, supérieur de l'ordre, qui avait pu passer à Bologne, et de là, à Rome, y mourut en 1801. — Il n'eut point de successeur, car pendant quinze ans l'ordre fut soumis alternativement à trois vicaires généraux,

La restauration étant survenue, elle se hâta de cicatriser les dernières plaies de la religion et d'effacer les traces de ces temps de troubles. *Dom Moissonnier* s'empressa en 1815 d'obtenir de Louis XVIII la faculté de rétablir la Grande-Chartreuse, de concert avec le frère *Dom Coutarel* qui, victime d'une longue et douloureuse captivité, ne profita de son élargissement que pour se retirer heureux dans le sein de cette maison-mère.

Ces deux athlètes de la foi obtinrent l'accomplissement de leurs vœux, et en juillet 1816, ils rentrèrent dans ce désert que la pénitence et les bonnes œuvres de saint Bruno ont rendu si célèbre et si respectable.

Tous les habitants des localités voisines applaudirent par leur empressement et par le plus vif intérêt au rétablissement du monastère, se rappelant qu'il avait toujours été la providence consolatrice et bienfaisante des malheureux, le soutien de la veuve et de l'orphelin ; et que des villages entiers avaient trouvé là, dans des temps de disette, la nourriture de l'esprit et du corps.

Les Grenoblois et en général tous les habitants du dauphiné se montrèrent heureux du retour des Chartreux, et s'estimèrent fiers de posséder le célèbre monastère qui est incontestablement de tous les monuments religieux de la France, le plus ancien et le plus remarquable.

Satisfait de son œuvre régénératrice, Dom Moissonnier, second vicaire-général, instrument de la Providence pour la restauration de l'ordre que la piété de saint Bruno avait fondé, rentra dans le couvent avec cet ineffable bonheur qui accompagne le proscrit quand il retrouve la maison paternelle !

Averti de tous les points de la France que le berceau de l'ordre des chartreux s'était rétabli, tous les frères dispersés vinrent successivement grossir le nombre de ceux qui venaient d'en conquérir la possession.

La tâche du respectable chef ainsi remplie, et n'ayant plus à militer ici-bas pour le triomphe de Dieu, Moissonnier trouva un asile sûr contre tous les orages du monde, car son âme sereine passa bientôt du séjour terrestre, à celui de l'éternelle joie !

Après sa mort qui fut profondément sentie par tous les vénérables frères, une nouvelle communauté s'établit, et les bâtiments du monastère entraînèrent une restauration non moins large que dispendieuse ; en effet, après une absence de près d'un quart de siècle, les chartreux, rentrés dans leur ancienne demeure, ne retrouvèrent partout que les traces du vandalisme, de l'impiété et de la profanation !... Les portes et les fenêtres détruites, les serrures enlevées, les toitures délabrées sur les tronçons de poutres incendiées, les tabernacles dépouillés de leurs précieuses reliques, la belle bibliothèque du couvent entièrement spoliée. Enfin, d'innombrables désastres à réparer.

Nécessairement l'attention des bons religieux dût se porter d'abord sur les objets du culte qui laissaient tant à désirer, et qui furent peu à peu rétablis dans l'état où nous les voyons aujourd'hui; et que nous faisons connaître dans la description suivante du monastère.

II.

Accendor lumine solo.

L'architecture du monastère, comme nous l'avons déjà dit, est du style simple et tout à la fois sévère du dix-huitième siècle : les toitures se composent d'ardoises, de tuiles et de bardeaux ; leur réunion entremêlées de clochers réguliers présente à l'étranger l'image d'un lieu chrétien, peuplé de nombreux habitants, et c'est là une idée d'autant plus juste, que chaque cellule qui forme un hermitage, a nécessité une vaste étendue de terrain pour l'établissement d'un si grand nombre de cloîtres.

Pour juger de la beauté pittoresque du monastère, il faut être placé au petit Belvédère qui se trouve en face du couvent du côté opposé à la montagne du Grand-Som, et auquel on arrive par une courte promenade, bordée de hêtres et de sapins qui projettent, en tout temps un agréable ombrage. De là on distingue parfaitement la cour d'entrée ; la partie du bâtiment destiné au logement des visiteurs, les cellules de l'économe, du coadjuteur et du révérend père ou supérieur général de l'ordre ; quant au grand cloître des religieux, qui se trouve du côté oblique de la montagne, on n'en aperçoit qu'une faible partie.

Rien n'échappant à l'œil investigateur de l'étranger, il remarque aussi, dès son entrée au couvent, deux pavillons dont l'un est spécialement destiné à loger les guides du voyageur, et l'autre qui se lie au bâtiment, contient l'ancienne pharmacie, où les frères préparent cet élixir et cette liqueur si justement renommés et connus partout sous le nom de *chartreuse.*

Dans la cour du monastère, on voit deux vastes bassins circulaires construits en pierre, et d'une forme délicate ; ils sont destinés, comme les deux petits réservoirs du couvent, à fournir une grande quantité d'eau en cas d'incendie.

Mais pour avoir une idée plus majestueuse du site que nous décrivons, il faut avant de franchir le seuil de la grande porte d'entrée, jeter derrière soi un regard sur les murs qui enceignent le couvent, et l'on verra avec étonnement cette portion élevée de l'amphithéâtre des inaccessibles montagnes d'alentour, dont le revêtement est si sublime, comme l'a écrit feu M. de Châteaubriant, dans la description topographique de Jérusalem.

Étonné de ces merveilles, l'étranger se croit au milieu de grandes forêts sans fin et dont les limites se perdent à l'horizon.

Entré dans le couvent, vous parcourez un corridor non moins large que spacieux, et dont le développement est de 281 pieds. Là, aboutissent les diverses voies de communication du couvent ; et les deux côtés parallèles, les bâtiments où logeait

jadis le prieur du chapitre et qui sont destinés exclusivement aujourd'hui au logement des étrangers. Tout près de ces quatre grands corps de logis, sont les cellules
des officiers du monastère, la chapelle de famille, la cuisine et le réfectoire.

On désigne sous le nom de chapelle de famille, du latin ou de l'italien *familia*,
le lieu où se réunissent les frères et autres personnes du monastère pour l'accomplissement de leurs pieux devoirs ; mais les instructions religieuses qui se font pour
tous, n'ont lieu que les dimanches et les fêtes dans une chapelle spéciale du couvent.

Nous avons dit que l'église dont la construction remonte au XVe siècle, n'avait
rien de remarquable, si ce n'est la boiserie du sanctuaire qui, seule, fut respectée;
quant au maître-autel, en marbre blanc, et à quelques stales du chœur, on les voit
aujourd'hui dans la cathédrale de Grenoble.

Ce n'est qu'à la piété généreuse de quelques amis des Chartreux que le monastère doit son nouvel autel, et les divers embellissements de la nef, ainsi que les
deux lampes suspendues dans le sanctuaire et le chœur de cette église. Quant à la
principale cloche du couvent, elle pèse six cent cinquante kilogrammes, et le son
en est véritablement grave et religieux. Mais la chose la plus remarquable que me
montra le vénérable frère *Anselme*, qui fait ordinairement les honneurs du monastère, fut le groupe représentant la *Ste-Vierge aux sept douleurs* qui sépare le chœur
des frères de celui du religieux, et qui est un don de la munificence de l'ex-reine
des Français, *Marie-Amélie*.

Dès qu'on quitte la tribune de l'église, on entre dans la vaste galerie des cartes,
ainsi appelée à cause du grand nombre des plans des monastère et vues du désert. Mais la plupart de ces monuments scientifiques, outragés par le passage du
temps, n'offrent plus aujourd'hui qu'un faible intérêt historique (1).

De là, nous passâmes dans la magnifique salle du chapitre général des Chartreux, laquelle peut être regardée, à juste titre, comme le plus bel ornement de la
maison-mère, le plus curieux, le plus artistique de tous les restes religieux !

En face, je vis la statue de St-Bruno, de grandeur colossale, dominant le siége
du supérieur général de l'ordre, pendant la durée des séances capitulaires. A l'en-
tour de la salle régulièrement belle, se trouvent les portraits de cinquante généraux de la Grande-Chartreuse, rangés avec art au plafond. Un ellipse, en forme de
couronne, placé au dessus de chaque portrait, fait connaître le nom, la durée des
services et la date de la mort de chaque révérend Père, et ajoutez à tout cela pour
compléter le beau idéal de la salle, une riche collection de tous les tableaux du cloître peints par l'immortel *Le Sueur* !

Ces peintures animées par la main du grand maître, sont au nombre de vingt-
deux, et représentent les événements les plus augustes de la vie de St-Bruno, le
fondateur de l'ordre d'après la légende qui est toujours empreinte de ce caractère
biblique et merveilleux qui convient surtout à l'imagination religieuse ! !

(1) *Cartusia numquàm reformata, quia numquàm deformata.*

Dès que nous sortîmes de cette salle, nous entrâmes dans une autre bien moins grande, mais non moins régulière. Là, se trouvait la continuation des portraits de tous les généraux de l'ordre, ainsi que plusieurs autres tableaux de prix, copies intelligentes et remarquables de l'époque !.. Un seul de ces tableaux réunit ceux des frères les plus distingués par leurs vertus et par les dignités de l'église, ayant en face celui de l'assomption sculptée en relief.

Enfin, au bout du passage qui sépare cette seconde salle du grand cloître, on trouve deux grandes cartes topographiques, placées de chaque côté qui donnent dans ses moindres détails le plan régulier de toutes les beautés du désert.

III.

Stella deserti.

Nous sommes arrivés à la partie la plus intéressante du couvent, celle qui est la plus digne de remarque, et qu'on ne saurait voir sans une satisfaction mêlée d'étonnement. En effet, le grand cloître que nous désignons, forme un long parallélogramme éclairé par 130 fenêtres, établi sur un plan incliné, comme l'exigeait l'état des lieux. Cet immence corridor, qui est d'une régularité parfaite, à 645 pieds de longueur, et son développement est tel, que deux personnes placées aux extrémités ne pourraient se reconnaître.

Cette partie du couvent, qui est la plus ancienne, puisqu'elle date du douzième siècle, et qu'elle est du style gothique, attire certainement l'attention des étrangers, et fait regretter aux connaisseurs que le côté moderne forme un disparate choquant avec celui-ci, qui a, non seulement la forme monastique, mais encore ce genre sombre et religieux qui convient essentiellement à sa destination primitive.

C'est par le cloître que l'on arrive aux trente cinq cellules, semblables à de petites maisons, composées de deux chambres éclairées par trois fenêtres et dans lesquelles pièces, on a encore établi un cabinet d'étude, et un oratoire bien exigu.

Au-dessous de cette modeste demeure, on trouve un petit atelier de divers outils, un bûcher, un étroit corridor, et enfin un jardin qui sépare la cellule de celle de son voisin. Toute cette distribution occupe une surface d'environ 25 mètres, ce qui suppose pour les trente-cinq cellules, un terrain de 875 mètres carrés.

A côté de chacune des portes du cloître, on voit un guichet dans le mur, et c'est par là que les aliments quotidiens arrivent aux religieux.

Sur leurs portes on lit de belles sentences, tirées pour la plupart, ou de l'écriture Sainte, ou des pères de l'église : *Clericorum lumen !*

Un silence solennel régnerait toujours dans le cloître, si, pendant la belle saison, il n'était interrompu par la conversation des visiteurs qui oublient trop facilement l'avis placé à l'entrée de tous les corridors. Un bruit constant et monotone règne en tout temps dans ces lieux, c'est celui que fait en tombant l'eau des fontaines placées de distance en distance, et qui semblent mesurer le temps....

Au centre du monastère, est placé le champ de repos des cénobites ; en sorte que, dès qu'ils quittent leurs austères cellules, séjour d'une pénible vie, ils voient sans cesse, la dernière demeure qui attend leurs restes mortels ! Les tombes simples des Chartreux ne sont désignées à l'œil que par une petite bordure, celles des généraux de l'ordre, sont surmontées d'une croix en pierre.

Le vénérable frère *Anselme*, toujours infatigable dans ses obligeantes prévenances, nous montra la chapelle des morts, fondée en 1582, par *François de Gonze*, Evêque de Grenoble, et nous vîmes dans cette antique chapelle le caveau qui renferme les ossements des premiers frères de l'ordre, inhumés près de Notre Dame de Casalibus.

Ici, nous fîmes une pause qui fut suivie d'une prière. En sortant, mes yeux se portèrent sur une niche pratiquée au-dessus de la porte de la chapelle, et j'y vis un buste en marbre de Carrare, représentant la hideuse mort sous la forme d'un squelette de femme, abrité par un manteau artistement drapé. Ce buste est un don de M. le *comte de Châteauvillard*.

En sortant de cet ossuaire, et à quelques pas de là, du côté opposé, le bon frère nous montra la chapelle dédiée à St-Louis, roi de France, et dont la fondation appartient à Louis XIII, qui y consacra une forte somme, prise sur ses épargnes. Cette chapelle est ornée de belles statuettes placées dans des niches, où elles représentent *Moïse*, *David*, et les quatre prophètes. De chaque côté de l'autel, on voit deux saints chartreux en contemplation devant la majesté du Tout-Puissant. L'intérieur est encore décoré de belles peintures et de tableaux religieux d'un grand mérite.

Le roi Louis XIII, pour perpétuer le souvenir de sa libéralité, demanda aux chartreux une messe annuelle et pour lui et pour ses successeurs ; demande pieuse qui a toujours été observée.

Après avoir quitté le vaste cloître que je ne pus visiter sans ressentir une salutaire et douce impression, le frère Anselme nous fit descendre à la bibliothèque du couvent qui se compose d'au moins huit mille volumes, achetés ou donnés depuis 1815, mais dont le nombre et la rareté sont de beaucoup inférieurs à l'ancienne bibliothèque du couvent, qui renfermait plus de six cents manuscrits déplacés et perdus pendant la première révolution, et trois cents volumes environ du commencement de l'imprimerie à partir de *Guttemberg*.

Il faut convenir que la bibliothèque de Grenoble s'est enrichie dans ces temps de troubles aux dépens de celle de la Grande-Chartreuse, et qu'elle possède les manuscrits les plus rares, tels que Bibles, Evangiles, Glose, Psautiers, Rituels, Antiphonaires, etc., tous sur vélin, et ornés des plus riches et des plus fraîches miniatures.

On trouve cependant encore à la Grande-Chartreuse, une magnifique et rare collection des pères de l'Eglise en plusieurs volumes ; divers commentaires des écritures Saintes, un grand nombre de livres ascétiques, des Miscellanées, et aussi beaucoup de manuscrits sur vélin.

Je dois dire également que l'histoire des cérémonies religieuses , la littérature ancienne , la physique, la botanique, la médecine, y sont représentées par d'excellents ouvrages; mais tout cela n'empêche pas les lacunes qui , de longtemps, ne pourront être comblées.

Toutefois, le connaisseur s'étonne de ne pas rencontrer dans la bibliothèque du couvent la collection des Bollandistes, les ouvrages de dom Martène, de dom Mabillon, et de plusieurs autres bénédictins , qui ont si bien écrit sur les ordres religieux !

Tout cela existait avant la spoliation du monastère, et il faut espérer que le temps, peu à peu, remplira ces vides.

Nous n'avons plus à dire qu'un mot sur la chapelle St-Sauveur, qui a été établie à l'angle nord-est du mur d'enceinte, pour que les personnes du sexe, dont l'entrée du couvent leur est interdite, puissent entendre la messe basse pendant les dimanches et fêtes de l'année.

Nulle part le voyageur n'est accueilli comme dans cette maison religieuse : il est l'objet des soins les plus empressés; l'hospitalité la plus franche , la plus cordiale et la plus désintéressée lui est offerte, et il trouve là des hommes éminemment instruits qui ne sont étrangers à rien, et dont la conversation variée plait à tout le monde. Pour ma part, j'en conserverai toujours l'agréable souvenir.

LES CHARTREUX.

> « Les plaisirs du monde sont couverts d'épines,
> » Ceux de la Religion sont couverts de fleurs. »

I.

Nous avons décrit dans les précédentes pages le voyage de la Grande-Chartreuse située dans les montagnes du dauphiné , et le monastère si souvent détruit , mais toujours rétabli par les disciples de saint Bruno , auxquels nous consacrons la notice suivante (1) :

C'est à la loi de grace, aux conseils du divin Maître que remonte l'origine de la vie érémitique , dont toute la règle consistait à trouver dans une paisible retraite la douce contemplation des choses célestes par les exercices de la piété la plus fervente.

Personne n'ignore combien furent grandes les vertus qui, dans le troisième siècle, illustrèrent à jamais les déserts de la Thébaïde ! qui sont, sans contredit, les synonimes de solitaire, ermite, anachorète.

Plus tard, quelques chrétiens s'étant réunis sous une règle commune , prirent le

(1) *Majorem ostendit casus.*

nom de cénobites ; mais ils ne furent néanmoins connus que sous la dénomination générique de religieux , qui convient à tous les ordres monastiques.

Mais dans le quatrième siècle, saint Basile ayant réuni les diverses coutumes des religieux , en fit une règle que l'on observe encore de nos jours dans tous les monastères de l'Orient.

Après lui , saint Benoît , au sixième siècle , étant en occident , fit un code qui servit de base et de règle à toutes les communautés de l'Europe , et divisa le temps de ses disciples de manière à le partager entre les exercices spirituels et le chant des offices divins : l'abstinence , le jeûne et les austérités, furent ponctuellement observés.

Ce saint personnage inspira encore l'amour du travail , et l'ennoblit sous toutes les formes ; il prépara les voies qui devaient détruire l'esclavage ; il ouvrit des asiles où se réfugièrent les lettres et les sciences qui , par ses soins, furent plus tard le berceau de la nouvelle civilisation !

Ce résultat , le plus glorieux , le plus digne de saint Benoît , fera toujours l'admiration des hommes consciencieux qui savent combien il était difficile alors de saper la barbarie et la force brutale qui pesaient sur le monde.

Enfin, le onzième siècle vit naître saint Bruno qui modifia l'œuvre de son prédécesseur , et la rendit à jamais durable , en réglant le nouveau genre de vie auquel lui et ses compagnons, inspirés par la volonté de Dieu , voulurent se vouer immédiatement.

Il est constant que chaque maison religieuse a un supérieur ou prieur ; mais les frères de la Grande-Chartreuse ont la faculté de nommer le leur qui se trouve aussi supérieur général de l'ordre ou révérend père; quant à tous les autres chefs ils sont appelés *vénérables*.

Le Supérieur général n'a pourtant rien à l'extérieur qui le distingue des autres religieux : son esprit de simplicité et de modestie a toujours été l'un de ses plus doux attributs ; il a seulement le droit de convoquer à des époques triennales le chapitre général qui doit siéger à la Grande-Chartreuse quelle que soit la distance où se trouvent les autres frères , attendu que le désert est le véritable berceau de l'ordre.

Réunis autour de leur supérieur général, les révérends pères des différentes maisons de l'ordre , demandent leur démission , c'est-à-dire miséricorde ; mais ils sont toujours conservés, à l'exception de cas très-rares.

Ils s'occupent ensuite de tout ce qui peut intéresser l'institution, concourir à son développement et à la parfaite harmonie de ses membres. La statue de saint Bruno dont nous avons parlé dans la description du couvent, domine sur son majestueux piedestal la salle capitulaire, entourée de tous les portraits des généraux, placés au plafond , et semble dire avec éloquence et fermeté : Veillez et priez , afin que l'esprit de vos pères fasse toujours la gloire de Dieu et la paix de l'ordre !

Pour être admis dans l'ordre il faut avoir fait toutes ses classes et même un cours de philosophie : examiné avec soin , le novice n'est mis en cellule qu'après avoir donné des marques de sa vocation, et il assiste à tous les offices en habit séculier ; — un mois après , il est proposé à la communauté religieuse pour la prise d'habit . s'il est reconnu véritablement pénétré de zèle pour la solitude à laquelle il veut se vouer , et si la majorité des suffrages lui est accordée, on le revêt de l'habit de l'ordre , et son noviciat est fixé à la durée de deux ans.

Pendant cette seconde épreuve, on lui inspire l'amour et la pratique des vertus qui caractérisent le véritable religieux. Plus il approche du terme pour sa profession , plus on sonde ses dispositions, et s'il est démontré qu'il ait une vocation réelle, à l'issue de son noviciat , il est admis à prononcer ses vœux à la messe conventuelle d'un jour de fête.

Cette cérémonie est très-belle , et par les prières et par la simplicité de son éclat : il y a surtout un moment où l'attention de l'étranger religieux est entièrement captivée, c'est lorsque le novice faisant lentement le tour du chœur , fléchit le genou devant chaque frère, et lui adresse ces mots en baisant les stalles de bois : *ora pro me pater...*

Les chartreux comme cénobites , se rendent régulièrement à l'église trois fois par jour ; pour la célébration de la messe et autres offices divins ; la nuit c'est pour chanter l'office canonial, le matin pour le rit conventuel, et le soir pour vêpres. Mais les dimanches et jours fériés, l'exercice est plus long et plus pénible que celui de la semaine.

Ces jours là, ils prennent ensemble leur repas dans la salle du réfectoire, où règne toujours le plus profond silence, maintenu par une pieuse lecture.

Les chartreux se réunissent chaque semaine pour le *spaciment* ou promenade dans le désert , qui dure de trois à quatre heures.

Il est également facultatif à chaque religieux d'assister à une récréation en commun les jours de fête.

Il est vrai que ces légers adoucissements tempèrent la rigueur des austérités cénobitiques et dilatent le cœur par le mutuel épanchement d'une charité fraternelle ! toutefois, les statuts de l'ordre prohibent la musique et les jeux qui sont contraires à la paix et au recueillement du cloître.

Comme solitaires , les frères ne quittent point leurs cellules , et n'y reçoivent aucun étranger sans l'autorisation du supérieur; s'ils sortent, c'est pour aller à l'église ou près de leur vénérable chef qui lesfait appeler fréquemment.

II.

Bonum mihi quia humiliasti me, et dicam justificationnes tuas.

Les Chartreux, dans leur solitude , partagent le temps assez court que leur laissent les exercices de piété, entre l'étude et le travail manuel. Et d'abord, les études de ces enfants de St-Bruno sont toujours celles qui conviennent au prêtre , ou à celui qui est appelé à le devenir : ce sont les saintes Ecritures , la lecture et la pratique des Pères de l'Eglise, enfin, la théologie qui est la base fondamentale de l'ordre religieux.

Quant au travail manuel, qui n'est pas exigé par la règle , mais qui sert de délassements à l'esprit ; tout en entretenant la force corporelle , il est bien simple : chez celui-ci c'est la culture de son jardin ; la distribution et le sciage du bois; chez les autres, le tour, la menuiserie, la reliure des livres et autres ouvrages délicats ; quelques uns cultivent même les hautes sciences, et laissent à la postérité des ouvrages semblables à ceux du bénédictin de St-Maur , le révérend père *dom Bernard de Montfaucon.*

Il n'est pas de jour dans l'année où les chartreux ne se lèvent la nuit, après quatre heures de sommeil ; la cloche du monastère les avertit d'abord de dire en cellule l'office de la Vierge, et une heure après, ils se rendent à l'église pour l'office canonial qui se prolonge assez avant dans la nuit.

Cette cérémonie est la plus importante et la plus grave de l'ordre des chartreux.

Les étrangers qui désirent se procurer le plaisir religieux d'entendre cet office de nuit , éprouvent toujours les impressions les plus profondes, mais surtout dans un jour de fête où les chants religieux se font avec plus de solennité !

La première fois que je visitai ce Monastère, en août 1846, j'y fis séjour pendant 48 heures , m'y trouvant avec un ami dans la tribune de la chapelle où la cloche nous appela à minuit.

Là, nous vîmes arriver lentement dans le chœur , les pères et profés en habits blancs ; les novices avec leurs chapes noires , portant chacun une petite lanterne qui répandait un point lumineux dans la profonde obscurité ! peu de flambeaux étaient allumés dans l'enceinte, et c'est à leur pâle lueur qu'ils furent se ranger dans les stalles, la démarche grave et la tête inclinée vers la terre.

Bientôt après, nous entendîmes leurs chants pieux et lents avec des voix pleines et sonores. — La plus longue partie de leur office n'est qu'une prière qui se fait de mémoire. De temps à autre, tous les flambeaux s'éteignent ou se cachent , et l'on ne voit plus que la vacillante lumière de la lampe du sanctuaire , qui répand dans l'espace une mourante clarté. Alors le chœur ne présente que des formes vagues et indécises; nous crûmes un moment, que des fantômes étaient collés contre les parois des murs.

Lorsque l'office des morts qui se récite en ce moment , fut terminé, les chants cessèrent tout-à-coup, et le silence le plus profond y succéda.

Ce silence si sombre , si solennel , joint à l'épaisseur des ténèbres , nous émut jusqu'au fond du cœur, et nous fit éprouver intérieurement un frémissement soudain. Mon ami, ne pouvant maîtriser son émotion, me prit involontairement la main, et se penchant à mon oreille, me dit tout bas : « Voilà qui remue l'ame, et qui est » plus saisissant que les prédications les plus éloquentes. »

Rentrés dans leurs cellules, les frères ont d'autres devoirs religieux à remplir, et prennent après quatre heures d'une pénible veille, un léger sommeil que la prière du matin doit encore interrompre.

Ils jeunent huit mois de l'année, et n'ont, le soir, pour toute collation, que quatre onces de pain et fort peu de vin : ils observent, même en cas de maladie, l'abstinence de tout aliment gras ; ils s'abstiennent d'œufs et de laitage pendent l'Avent et le Carême, ainsi que tous les vendredis de l'année. Enfin, ce même jour, ils se contentent de pain et d'eau, sauf cependant ceux que le grand âge, les infirmités ou la maladie, dispensent de l'austérité de cette règle.

Les chartreux n'ont pas l'usage du linge de corps et de ménage : ils conchent sur la paille, et sont, en tout temps, revêtus du cilice. Ils portent toujours la tête rasée, et la barbe n'est retranchée que deux fois par mois.

Toutefois, on remarque que les austérités des frères chartreux sont tempérées par une sage discrétion qui les maintient sans les accabler.

On nomme frères ceux qu'on désigne par les religieux du chœur, appelés frères parce qu'ils n'ont été reçus dans l'ordre que pour vaquer aux travaux extérieurs de la maison.

Le véritable religieux est l'homme qui, dédaignant les fragilités du monde, s'en éloigne pour se consacrer dans la retraite, où il s'ensevelit comme dans un tombeau, au culte de la foi et des vérités spirituelles !

Il garde une solitude volontaire, et désoccupé des choses matérielles, il ne pense qu'aux perfections de Dieu dans ses exercices de pénitence religieuse ; il trouve dans la douceur des divins cantiques l'harmonie qui l'unit à Dieu. Enfin, il n'est jamais moins seul que lorsqu'il est seul, parce que c'est alors qu'il est tout occupé de Dieu, de ce Dieu invisible pour tant d'autres, et qui pèse ses actions dans la balance de sa justice.

Exempt de toute ambition, il n'envie que les vertus de son état, sans affecter, toutefois, de paraître le plus humble ; il borne ses prétentions à quatre murailles pendant sa vie, et à quelques pieds de terre après sa mort. Il est libre de toute crainte terrestre, et ne soupire qu'après l'éternité, à laquelle il ne cesse de se disposer par une suite non interrompue de saints exercices, dans lesquels il persévère jusqu'au dernier soupir ; mais alors, arrivé au terme de sa douloureuse carrière, il remet son ame pure et sereine au divin Créateur, et s'endort paisiblement dans son sein de ce sommeil qui fut toujours l'ineffable récompense du juste !

ASCENSION AU GRAND SOM. [1]

O crux ave, spes unica !

I.

DANS LE DÉSERT DE LA GRANDE-CHARTREUSE.

Lorsque nous fûmes sortis du monastère, mon ami et moi nous arrivâmes par une pente douce à la verte prairie toute émaillée de fleurs qui la domine, et là, regardant autour de nous pour mieux apprécier le plan général du désert, au milieu duquel se trouve le couvent, nous retrouvâmes la forme d'un amphithéâtre oblong et irrégulièrement ovale,

Le sol, du côté du midi, est d'un niveau bien inférieur, il va ensuite, s'élevant peu à peu, se terminer par des mamelons étagés les uns au-dessus des autres, jusqu'à l'endroit où est située l'antique chapelle de St-Bruno. Un peu plus haut, le vallon est borné par des rochers escarpés qui l'enceignent de toutes parts ; à son autre extrémité, dans le bas, coule le torrent du *Guiers-Mort*, dont nous avons parlé au commencement du voyage de la Grande-Chartreuse. Ce torrent traverse le désert depuis la porte du Sappey jusqu'à celle de St-Laurent-du-Pont ; il prend sa source dans les montagnes qui dominent St-Pierre, et il tire ce nom de la sécheresse de son lit pendant les grandes chaleurs.

L'extrémité de ce vaste désert, du côté du nord, est bornée par une montagne que l'on nomme le Col, au sommet de laquelle s'étend au mois de juin une riante prairie jonchée de fleurs diverses. Cette montagne est commandée sur la droite, par le rocher de *Bovine*, et sur la gauche par celui d'*Allevard*.

Du côté du levant, le point culminant de ces chaînes dentelées, qui se dessinent sous l'azur du ciel, est occupé par le majestueux pic du Grand-Som, le plus élevé du Dauphiné. — Du côté du midi, au-delà du torrent, nous aperçûmes de loin la jolie bergerie de *Vallambray*, placée au sein d'une prairie, à pente insensible, et plus haut, la montagne appelée *Charmanson*, dont les hauteurs sont occupées par les plus beaux pâturages.

Enfin, vers le couchant, dans les replis du Mamelon couvert de bois, qui est en face du monastère, se cache un petit vallon où est la ferme de *Chartreusette*.

On croit communément que c'est là que les premiers chartreux placèrent leurs troupeaux et leur exploitation rurale. Cette ferme est un but intéressant de promenade pour les étrangers qui passent quelques jours au monastère ; mais il est rare qu'après avoir visité le couvent, le voyageur n'aille pas reconnaître les chapelles de Notre-Dame de Casalibus et de St-Bruno, situées comme nous l'avons déjà dit, à une demi-lieue au-dessus. — Trois chemins à peu près parallèles y conduisent, et l'on

(1) Le Grand Som est à 1800 mètres au dessus du niveau de la mer.

prend ordinairement celui du milieu pour monter, et celui de la prairie pour descendre.

La chapelle de Casalibus, bâtie en 1440, est dans un style simple et agreste ; elle forme un parallélogramme régulier ; le devant est orné d'un péristile auquel on arrive par quelques gradins, et qui est d'un effet pittoresque et gracieux. La couleur colombe de ce petit édifice se détache d'une manière délicieuse sur la sombre verdure des sapins qui forme le fond du tableau. — L'intérieur n'a rien de différent de ce qu'il était avant la révolution. La voûte est peinte en azur d'une nuance assez vive, et parsemée du chiffre doré de la patronne. Les parois des murs sont semblables, et c'est une idée heureuse qui remplit ainsi des louanges consacrés par l'église, elle-même, à l'auguste mère de Dieu, le premier oratoire érigé en son honneur dans la solitude de ces forêts !...

Le tableau de l'autel représente les disciples de St-Bruno, prêts à quitter le désert dans la douleur que leur cause son absence, et l'apôtre qui leur montre la mère de Dieu prête à les secourir, les invite à se placer sous sa protection, et à renoncer à leur desseins. — Cette image est frappante !...

A deux cents mètres environ au-dessus de cette première chapelle se trouve celle de St-Bruno, sur la gauche, assise sur un rocher à pic, qui s'avance en forme d'un promontoire escarpé. Quelques rares sapins croissent sur ce rocher et projètent leur ombre sépulcrale sur la façade. — Chaque chapelle avec son site original et pittoresque, a souvent exercé le crayon du paysagiste. Au pied du petit sentier tournant qui y monte, une fontaine de bizarre structure attire l'attention par le murmure de ses eaux saccadées et abondantes : elle est appelée la fontaine de St-Bruno.

D'après la chronique, il est positif qu'il y avait, en ce lieu, une grotte naturelle où St-Bruno avait établi son premier oratoire, et à la chapelle, sa modeste cabane. Tout le monde connaît dans les Appenins la caverne sacrée *(il sacro specco)*, où St-Benoît passa plusieurs années dans une solitude absolue, avant la fondation de ses monastères. On y montre encore le banc de rocher qui lui servait de prie-Dieu et tout à la fois d'autel ; la cavité la plus reculée où il prenait son repos sur un lit de feuilles sèches.

Tout est dans le même état qu'au temps où il vivait, et nous devons au ciseau de *le Bernin*, la statue de marbre blanc qui semble le faire revivre dans l'attitude de la prière. — Ici, on a recouvert en bois l'autel de St-Bruno qui était primitivement en pierre, en sorte que tout ce qui lui a servi est dérobé à la vue depuis l'année 1640. Ce n'est qu'à cette époque qu'un religieux de la Chartreuse, Jacques de Merly, élevé au siège épiscopal de Toulon, fit construire la chapelle actuelle, réparée en 1816 par les libéralités du gouvernement. On lit sur le mur à gauche, en entrant, l'inscription suivante qui en rappelle et la fondation et la restauration : « *Hic incipit ordo cartusiensis, anno domini milesimo octogesimo quarto*

» R. DD. Jacobus de Merly, *illustrissimus tolonensium antistes, ad ordinis cartusien-*
» *sis initia grata recordatione recolenda,* antiqui sancti Brunonis *sacellum hic cons-*
» *tructum augustiore œde sacra circumplexus est, circa annum* MDCXXXX.

  » *Altare prædilecti sacelli, nuper, excisi, huc usquè ab initio ordinis immotum*
» *perseverasse creditur, instructuquè ligneo ac picturato adornatum fuit ; anno do-*
» *mini* MDCGCXX. — *Liberalitate principum , qui hunc locum, sicut et sacellum*
» B. N. *à Casalibus, suis expensis instorari voluerunt.* »

II.

Crux alma, salve crux venerabilis.

Les chartreux vont trois fois dans le cours de l'été, chanter une messe à Notre-Dame-de-Casalibus , et une fois seulement dans la chapelle de saint Bruno , pendant l'octave de la fête de ce saint patriarche du désert.

Nous les avons vus traverser les bois , et monter lentement en silence , dans le sentier tournant qui conduit à cette modeste chapelle ; cette longue file d'habits blancs produit toujours un effet remarquable dans le paysage.

Derrière la chapelle de saint Bruno , sont d'énormes blocs de rochers détachés sans doute par le temps des sommités voisines, et roulés là d'une manière difforme... Ils sont surmontés de sapins qui ont jeté de profondes racines dans les couches calcaires qui les nourrissent ; des lichens , des fougères de toute espèce, tapissent leurs flancs, et tout semble annoncer dans ces lieux agrestes un de ces grands désastres qui engloutirent autrefois en Suisse le village de *Goldaw* près du *Rigghis*. C'est enfin, comme une espèce de chaos, dans lequel la nature complaisante et réparatrice a jeté un manteau de verdure et de fleurs.

Ayant visité le monastère et les deux chapelles du désert, le voyageur qui aime les courses des montagnes, ne peut mieux faire que de tenter l'ascension du Grand-Som, s'il est d'ailleurs favorisé par un temps pur et serein ; alors il se munit d'une lunette d'approche , et tâche d'arriver de grand matin sur cette majestueuse sommité, afin que les vapeurs qui s'élèvent du fond des vallées , ordinairement après le lever du soleil , ne lui dérobent pas les plus beaux effets du vaste panorama que sa vue doit embrasser.

Le chemin qui mène au Grand-Som, monte d'abord par une pente supportable, pendant une heure au moins ; après quoi, il tourne à droite, et devient de plus en plus pénible et rocailleux. Enfin , après environ cinquante minutes de marche , les arbres deviennent de plus en plus rares ; la région des sapins cesse , et l'on ne trouve plus çà et là , que des pâturages semés de fleurs et d'arbustes , parmi lesquels domine le rhododendron ou laurier rose des Alpes.

Bientôt après, on aperçoit la bergerie de *Bovine* occupée pendant l'été par d'innombrables moutons venus de la Provence. Placée dans une espèce de défilé , entre les rochers d'Aliénard et du Grand-Som , elle est gardée par de redoutables sentinelles, c'est-à-dire par ces énormes chiens de la Camargue qui se défendent contre les loups et quelquefois même contre les ours de ces forêts. — Ils viennent en grondant, à l'approche des voyageurs; mais la voix du pâtre qui les rappelle, vous ouvre bientôt un large passage dans le défilé. — Si la belle saison vient de naître, et que la neige remplisse encore le banc du rocher vers lequel est creusée l'étroite venelle qu'il faut gravir pour arriver au terme de l'ascension, et si malheureusement l'étranger, dans ces lieux, n'a pas de crampons, un bâton ferré et un bon guide qui puisse suppléer à son inexpérience personnelle, il ne doit pas hésiter à revenir sur ses pas, car il braverait inutilement les plus grands dangers, s'il voulait aller plus loin. — L'étroit sentier est bordé, en tous sens, de précipices qui n'ont pas moins de 300 pieds de profondeur; or, quand la neige n'offre là qu'une pente glissante entre le mur du rocher que l'on cotoye et l'abîme qui est sous les pieds du voyageur, le vertige qui fait tourner la tête et tourbillonner tous les objets aux yeux de celui qui l'éprouve, attire vers le précipice par une sorte de fascination, et un faux pas suffit pour causer la mort.

Si l'on choisit le mois d'août, ou la dernière quinzaine de juillet pour faire cette excursion, on ne court plus le risque de trouver de la neige sur la route; on arrive sans difficulté et sans péril jusqu'au bout de la course; après avoir marché deux heures dans les rochers, à partir de la bergerie *Bovinant*.

Là, l'étranger se trouve amplement dédommagé de toutes les fatigues qu'il a éprouvées par le magnifique spectacle qui s'offre à ses regards : du côté du couchant, c'est la plaine du lyonnais, traversée par le Rhône impétueux; les montagnes du *Forez* et du *Vivarais*; même celles de l'Auvergne, se perdent en lignes indécises dans le vague de l'horizon. — Vers le nord, le lac du *Bourget* qui étend mollement aux pieds du *Mont-du-Chat*, son tapis d'un azur pur et brillant, en contraste avec les teintures grisâtres des vallées d'alentour. Enfin, vers l'est et vers le sud, une de ces vues remarquables par le grandiose et la variété, et comparables à celle de Rigghi en Suisse, ou du col de *Tende* dans le Piémont.

Toute la chaîne de montagnes depuis le *Mont-Viso* jusqu'au *Mont-Blanc*, se déroule en étages irréguliers, avec ses pics formidables et ses glaciers étincelants aux rayons du soleil !

Au dessus de ces sommets, on aperçoit *Tailleers Belledonne* et le *Grand-Charnier* qui dominent le Graisivaudan, ainsi que le Pelvoux, soulevant au loin un front chargé d'éternelles neiges (1) !

Que de souvenirs s'attachent à ces montagnes, mines fécondes de tant de minéraux divers, et qu'elle joie pour le touriste de les embrasser ainsi d'un coup d'œil !!

Il semble qu'on puisse y lire inscrits en caractères ineffaçables quatre noms à jamais illustres : *Annibal, César, Charlemagne et Napoléon!*

____

(1) Le Pelvoux est dans le Dauphiné entre le Bourg-d'Oisans et Briançon, et à 12,600 pieds de hauteur.

Le premier les franchit avec ses éléphants; le dernier avec sa pesante artillerie; et empruntant à l'immortel Bossuet, une de ces images qui lui sont propres, on peut se représenter les Alpes étonnées de se voir traverser tant de fois en des appareils si divers, elles dont les pieds touchent la terre et dont la cime s'élève aux cieux !

III.

Tu celsa sedes undè suos docet.

Arrivé au sommet du Grand-Som, l'esprit plein de ces grandes pensées, l'étranger ne peut comprendre toutes les difficultés, tous les obstacles innombrables qui s'opposaient au passage du vainqueur de l'Italie, suivi de sa redoutable artillerie, comme autrefois *Annibal* et *César*, suivis de nombreux éléphants.

Quel immense tableau ! quelles grandes images pour l'œil étonné qui les contemple une première fois !... Oh ! qu'il est sublime de laisser tomber ses regards sur ce monastère que nous avons dépeint, et que l'on distingue fort exactement à plus de six cents mètres au-dessous de ses pieds !... N'est-on pas frappé du contraste étonnant qui existe entre les grands noms qui ont remué le monde, et la vie si calme, si obscure des pieux cénobites qui habitent ce vaste désert ? Ceux-ci mettent autant de soin à vivre ignorés dans le coin le plus agreste de la terre, que les autres se donnent de peine à promener partout leur char de victoire !

Comment expliquer à l'esprit cette indifférence absolue pour les vains suffrages des hommes, cet amour de l'éloignement et de l'obscurité, poussés à de telles limites, qu'il semble anticiper sur le tombeau ? Mais un seul signe l'indique, et fait cesser tous les doutes : voyez à côté de vous cette croix modeste, plantée sur la cime du rocher, et au pied de laquelle un novice du monastère a tracé ces beaux vers :

> « De tes bras étendus auguste souveraine,
> » Tu domines les monts et protéges la plaine ! »

Ce signe sacré, ce signe divin n'est-il pas la solution de toutes les énigmes inexplicables pour ceux qui se renferment dans le cercle ordinaire des divers préjugés du monde.

Il n'est pour le touriste aucune course dans les déserts qui soit plus intéressante que celle du Grand-Som ; l'amateur des beautés de la nature peut y satisfaire sa curiosité ; le botaniste, le minéralogiste et le géologue, y trouvent aussi d'inépuisables trésors.

Pour compléter notre notice, nous croyons devoir ajouter ici le beau fragment du R. P. Mandas, oratorien, lors de son premier voyage à la Grande-Chartreuse, comme ayant fait, à juste titre, l'admiration de Baleydier, de Boys, de Rambaud et de tous ceux qui ont, avant nous, fait le tableau historique de ce remarquable monument.

» Déjà de Saint-Eynard disparaissaient les cimes :
J'avais du noir sappey contemplé les abîmes,
Et le Drac et l'Isère avaient fui de mes yeux,
Quand enfin j'arrivai dans ces augustes lieux.
Dès que j'en aperçus la vaste et sombre entrée,
Mon ame, de respect, soudain fut pénétrée ;
Je ne sais quelle voix semblait dire à mon cœur,
Qu'au sein de ces rochers habitait le bonheur !...
J'avance.... deux grands monts sur moi courbés en voûte,
De leurs fronts sourcilleux intimident la route,
Tous deux fiers, imposants, semblent du haut des airs
Interdire aux humains l'accès de ces déserts ;
L'aquilon bat leurs flancs, et leurs bases profondes,
Voisines des enfers se cachent dans les ondes.
Je franchis, tout pensif, ce passage effrayant,
Et dans l'ombre des bois je m'enfonce à pas lent.
Quelle beauté sauvage et quelle horreur pompeuse !
Que la nature est là, grande et majestueuse !
L'épaisseur des forêts, la profondeur des eaux,
Les immenses vallons, les antres, les coteaux,
L'obscurité, le bruit, la terreur, le silence,
Tout dans ces vastes lieux parle à l'homme qui pense.
Un long amphithéâtre, orné de vieux sapins,
Y tient lieu de remparts, de murs et de jardins ;
Mille torrents tombant par cascades bruyantes
A travers les débris des roches mugissantes,
Les oiseaux à grand vol, les aiglés, les milans,
Joignant leurs cris aigus au sifflement des vents.
Les arbres fracassés par l'effort des orages,
L'éboulement des rocs et leurs tristes ravages,
Les collines, les monts de frimats couronnés,
Ce spectacle plaisait à mes sens étonnés.....
Mais la nuit, de son voile, obscurcissant les plaines,
Vient et m'arrache enfin à ces sublimes scènes ;
Je prolonge ma route où l'espace est ouvert,
Et bientôt je pénètre au centre du désert....
   Au pied de longs coteaux d'où coule une onde pure,
Il est, dans le contour d'une vaste clôture,
Un assemblage heureux de tranquilles foyers
Simples, et dans leur forme égaux et réguliers ;

Un temple est au milieu , retraite aimable et pure
Où la vertu toujours réside sans souillure,
Avec elle, en ces lieux, brûlant d'un saint amour,
L'innocence et la foi font aussi leur séjour :
La vérité s'y plait , et l'austère silence
En écarte à jamais le trouble et la licence...
  O mon Dieu, tu le sais, la grâce en ces climats
Du célèbre Bruno jadis fixa les pas ;
Elle approcha de lui sa lumière et sa flamme;
Eclairant sa raison, elle épura son ame ;
Lui montra, vers le ciel, des sentiers inconnus,
Et remplit l'univers du bruit de ses vertus !...
Bientôt, de toutes parts, en ce lieu solitaire,
Accourut près du saint un peuple volontaire
De disciples zélés qui, soumis à sa voix,
Adoptant ses leçons, vécurent sous ses lois !
Sainte religion, quelles furent vos fêtes,
Vos chants, vos cris de joie en voyant ces conquêtes !
L'enfer dût en frémir, mais vous et vos élus
Vous comptâtes, dès-lors , un triomphe de plus.
Seul avec la nature et son auguste maître,
Inconnu, retiré dans ce réduit champêtre,
St-Bruno, du vrai bien uniquement épris,
Se montra le rival des célestes esprits !...
Il connut leurs plaisirs, leurs transports extatiques
En unissant sa voix à l'ardeur des cantiques,
Comme eux, du Dieu suprême, adorant la grandeur,
Le servir fut sa gloire et l'aimer son bonheur !...
  Sous ses mains, cependant , les plaines s'embellirent,
Le désert s'anima, les rochers s'aplanirent ;
L'or des moissons couvrit les monts les plus affreux,
L'abondance naquit pour tous les malheureux !...
Bruno, qui fit descendre en ces lieux la sagesse,
Sut de même en bannir la faim et la paresse ;
Tout y retrace encor du saint instituteur
Les prodiges, les lois et la sainte ferveur.
Loin de notre vain luxe et de nos ridicules ,
Je vis avec bonheur dans leurs sombres cellules,
Ces bons religieux qui, dans un corps mortel,
Attendent, pleins d'espoir, le séjour éternel ;

La joie est dans leurs cœurs, la paix sur leurs visages ;
Sous la haire et le sac ces vénérables sages,
Nuit et jour, aux autels, anéantis pour nous ,
Nous rendent Dieu propice, apaisent son courroux ;
Soutenant du chrétien les divins caractères ,
Bienfaisants pour autrui, pour eux durs et sévères ,
Si notre faible cœur ne peut les imiter ,
Sachons du moins toujours, toujours les respecter.
Depuis leur digne chef jusqu'à leurs néophites ,
Combien ils m'ont ravi ces heureux cénobites !...
Que mon ame, auprès d'eux , brûlait pour la vertu !
Que n'ai-je pu , Seigneur , par ta grace vaincu ,
De mes engagements brisant toutes les chaînes ,
Là , fouler à mes pieds, tant de chimères vaines ,
Te vouer mes serments , me soumettre à ta loi ,
Et méditer sans cesse et n'obéir qu'à toi !...
Ah ! du moins , saint désert, séjour pur et paisible,
Solitude profonde, au vice inaccessible ,
Impétueux torrents , et vous sombres forêts,
Recevez mes adieux , comme aussi mes regrets ;
Toujours épris de vous, trop aimable retraite ,
Puissé-je dans le cours d'une vie inquiète,
Dans ce flux éternel de folie et d'erreur ,
Où flotte tristement notre malheureux cœur,
Puissé-je pour charmer mes ennuis et ma peine ,
Souvent fuir en esprit, au bord de vos fontaines ,
Egarer ma pensée au milieu de vos bois,
Par un doux souvenir, rappeler mille fois ,
De vos saints habitants les touchantes images ,
Pénétrer sur leurs pas dans vos grottes sauvages ,
Me placer sur vos monts , et là prenant l'essor,
Aller chercher en Dieu ma joie et mon trésor !!!

Joseph-Benjamin VINÈS.